edition **+ plus**

Jesper Juul

Werte in Familie und Partnerschaft

Was Familien brauchen und können

05

familylab
Schriftenreihe

Jesper Juul

Werte in Familie und Partnerschaft

Was Familien brauchen und können

Copyright © by Jesper Juul
Verschriftlichung & Lektorat: Nuka Matthies, Berlin
Verlagsredaktion: Mathias Voelchert GmbH
Umschlaggestaltung: Mathias Voelchert GmbH
Typografische Bearbeitung und Satz: Sead Mujić
Herstellung BoD – Books on Demand, Norderstedt
Printed in Germany
ISBN 978-3-935758-05-5

Dieses Buch ist auch als Hörbuch erhältlich,
gesprochen von Claus Vester ISBN 978-3-935758-07-9

Wie auch als eBook mit der ISBN ISBN 978-3-935758-06-2

Copyright für die deutsche Ausgabe 2014
© by Jesper Juul und Mathias Voelchert GmbH Verlag, München,
edition + plus
1. Auflage 2014

Kontakt: mvg@mathias-voelchert.de
www.familylab.de
www.beziehungenimwandel.de

www.jesperjuul.com
www.family-lab.com

Inhalt

Teil 2 – Fragerunde mit
ausführlichen Antworten

In dieser familylab-Schriftenreihe finden Sie zeitlose Gedanken zu Beziehung und Familie von Jesper Juul, und anderen Autoren. Die Überlegungen können Eltern, Lehrern, Mitarbeitern, Menschen in Leitungsfunktionen, wie auch Fachleuten dazu dienen, die Qualität ihrer Beziehungen zu reflektieren und zu modifizieren.

Der Autor

Jesper Juul, 1948 in Dänemark geboren, ist Lehrer, Gruppen- und Familientherapeut, Konfliktberater und Buchautor. Er war bis 2004 Leiter des »Kempler Institute of Scandinavia«, das er 1979 gründete. Mit 16 Jahren fuhr er zur See, jobbte später als Bauarbeiter, Tellerwäscher und Barkeeper. 1972 schloss er sein Studium der Geschichte, Religionspädagogik und europäischen Geistesgeschichte ab. Statt die Lehrerlaufbahn einzuschlagen, nahm er eine Stelle als Heimerzieher und später als Sozialarbeiter an und bildete sich in Holland und den USA bei Walter Kempler zum Familientherapeuten weiter. Seit Anfang der 1990er Jahre arbeitet er in Kroatien mit Flüchtlingsfamilien. Er lebt heute in Dänemark. 2006 gründete er das familylab, das mit Elternkursen und Schulungen in Deutschland, Österreich, der Schweiz und vielen weiteren Ländern aktiv ist. Seine Bücher wurden in viele Sprachen übersetzt.

Einleitung

Die Idee, ein Buch über Werte zu schreiben, wurde geboren, als ich einmal eine Woche lang ein Gespräch mit einer deutschen Philosophin geführt habe. Am Ende hat sie mich gefragt, ob ich nicht ein Buch über Familienwerte schreiben könnte, weil sie fand, dass wir so ein Buch brauchen. Ich habe geantwortet, dass ich das sicher schreiben könnte, aber dass dieses Buch wahrscheinlich acht- bis neunhundert Seiten lang werden würde und dass niemand das lesen würde. Dann habe ich mich aber selbst herausgefordert und mir gesagt, dass es vielleicht doch möglich ist.

Die Werte oder Wertvorstellungen, die wir zwei bis drei Jahrhunderte lang hatten, sind mehr oder weniger verschwunden. Ich glaube, dass meine Eltern genau so viele emotionale Schwierigkeiten mit ihrer Elternrolle und mit uns Kindern hatten wie die Eltern heute, aber wenn es um Werte ging – also um die Frage, was macht man, wenn dieses oder jenes passiert –, war es eigentlich ganz einfach. Sie konnten sich mit der Nachbarin unterhalten, mit der Schwester, dem Bruder oder mit meinen Lehrern, und die hatten alle irgendwie dieselbe Meinung. Ich kann mich zum Beispiel nicht erinnern, dass meine Eltern und meine Lehrer je gestritten hätten. Wenn meine Eltern meinten, ich wäre ein schlechtes Kind, dann meinten meine Lehrer das auch, und so war es dann auch. So etwas gibt es heute kaum – die armen Lehrer! Die Wertvorstellungen meiner Eltern und der Eltern meiner Freunde waren ganz einfach: „In unserer

Familie machen wir, was man macht, und wir machen nicht, was man nicht macht." So war das. Heute gibt es kein „man" mehr. Darüber können wir natürlich trauern und sagen, dass wir etwas ganz Wichtiges verloren haben. Doch ich denke, dass einige der Wertvorstellungen, die wir damals hatten, nicht besonders konstruktiv waren. Als Paare, Partner oder Eltern haben wir heute andere Ziele.

Meine Generation hat noch geglaubt, es wäre ganz einfach. Wir dachten, wenn wir einfach das genaue Gegenteil von dem leben, was unsere Eltern gemacht haben, ist alles okay. Doch es war nicht alles okay. Die Männer und Frauen, die heute, morgen oder gestern Eltern werden, haben fast gar keine Wertvorstellungen. Man kann natürlich als Individuum sehr starke Wertvorstellungen mitgebracht haben – aus der eigenen Familie oder aus der Gegend, dem Land oder der Kultur, aus denen man stammt – aber eine gemeinsame deutsche, bayerische oder dänische Sammlung von Wertvorstellungen gibt es kaum. Das macht das Leben natürlich schwieriger. Entweder lebt man als Familie von Konflikt zu Konflikt, was bedeutet, dass es eine Riesennachfrage nach Lösungen gibt, die überhaupt nicht möglich sind. Oder man muss reflektieren und nachdenken. Man muss sich miteinander unterhalten, und man muss sich fragen: Was habe ich eigentlich für Wertvorstellungen? Was will ich eigentlich als Basis für meine Familie, was will ich als Fundament für unser gemeinsames Heim? Und was finde ich so wertvoll, dass ich es auch meinen Kindern gern mitgeben möchte, weil ich glaube, dass es in zwanzig und auch in fünfzig Jahren noch sehr wertvoll sein wird? Diese Fragen sind nicht einfach. Sie sind zwar einfach zu stellen, aber sie sind nicht einfach zu beantworten.

Werte in Familie und Partnerschaft

Ich habe versucht, vier zentrale Werte zu beschreiben:

Gleichwürdigkeit
Authentizität
Integrität
Verantwortung

Dazu möchte ich sagen, dass diese vier Werte meiner Ansicht nach nicht ausreichen. Ich glaube, dass jede Familie auch andere Werte braucht. Doch diese anderen Werte stammen normalerweise aus einem Zusammenhang, über den ich sehr wenig weiß. Sie können aus der Philosophie, der Religion, der Politik oder aus ganz anderen Quellen stammen. Von den vier Werten, die ich hier beschreibe, wissen wir, dass wir sie mindestens brauchen für das, was wir eine gesunde Familie nennen. Ich verwende das Wort „gesund" hier ganz bewusst. Ein Grund ist, dass wir über das Wissen verfügen, was mental gesund macht und was nicht. Der zweite Grund ist, dass heute alle glücklich sein wollen. Die Eltern wollen zwar nicht notwendigerweise selber glücklich sein, aber sie wollen unbedingt glückliche Kinder haben. Sie wollen Kinder haben, die vierundzwanzig Stunden am Tag glücklich sind. Das ist natürlich Wahnsinn, und es ist unmöglich, aber so ist der momentane Trend. Und hier möchte ich mich gern mit ein bisschen Vernunft einmischen.

Die von mir genannten Werte sind im Grunde nicht sehr originell, sie sind sozusagen nicht von mir erfunden – vielleicht mit Ausnahme von Gleichwürdigkeit. Aber wir haben mit diesen Prinzipien jetzt fast vierzig Jahre lang Familienarbeit gemacht. Wir haben mit Familien mit Schwierigkeiten gearbeitet und auch mit Familien ohne besondere Schwierigkeiten. Und im Zuge dieser Arbeit haben wir festgestellt, dass diese Prinzipien wertvoll sind. Man kann sich über sie einen Vortrag anhören, oder man kann ein Buch darüber lesen – und danach kann man alles wegschmeißen und sagen: „Das wollen wir nicht", oder „Der Mann ist ein Idiot", oder was auch immer man denkt. Mir geht es um etwas anderes – ich denke, es wäre gut, wenn man heute oder morgen zu Hause über diese Dinge redet und sich fragt: „Was habe ich eigentlich für Wertvorstellungen? Was habe ich aus meinem Elternhaus mitgebracht? Was halte ich für wertvoll und was nicht? Was hast du mitgebracht? Und wie sind unsere gemeinsamen Wertvorstellungen, wenn wir unsere persönlichen vergleichen und sozusagen versuchen zu fusionieren? Wie geht das? Und wollen wir diese Wertvorstellungen, oder wollen wir vielleicht etwa ganz anderes?"

Vor etwa fünf Jahren habe ich mit fünfundzwanzig Ehepaaren aus Dänemark, Norwegen und Schweden eine sehr inoffizielle Studie durchgeführt. Ich habe sie gebeten, einen ganzen Samstag oder Sonntag mit der Familie zu verbringen und dabei ein Diktiergerät um den Hals zu tragen und aufzunehmen, was sie eigentlich so zu ihren Kindern sagen, und zu schauen, was für Wertvorstellungen dahinter liegen. Es war etwas überraschend, dass bei der Antwort in den drei Ländern genau die gleichen Prozentzahlen herauskamen. Die Eltern haben festgestellt, dass etwa fünfzig Prozent von dem, was sie zu ihren Kindern sagen, im Grunde entweder unnötig ist oder nicht wirklich so gemeint – oder beides. Etwa achtzehn bis zwanzig Prozent des Gesagten haben die Eltern geradezu traumatisiert, denn da haben sie hören können, dass sie eigentlich genau das zu ihren Kindern sagen, was sie niemals sagen wollten – so haben damals die eigenen Eltern mit ihnen geredet, und das wollten diese Leute *ihren* Kindern niemals antun. Und trotzdem tun sie (und wir) genau das. Bei den restlichen fünfzehn bis achtzehn Prozent der Aufnahmen haben die Eltern sich selbst gehört und gesagt: „Ja, so ein Vater möchte ich gern sein – nicht nur fünfzehn sondern hundert Prozent der Zeit!"

Das macht es natürlich wichtig – nicht nur für uns als Erwachsene, sondern auch für unsere Kinder –, dass wir ein bisschen über unsere Wertvorstellungen nachdenken und sie zumindest miteinander oder füreinander formulieren. Und dann können wir schauen, wie sich das alles entwickelt, vielleicht wollen wir diese Wertvorstellungen in fünf Jahren nicht mehr haben.

Warum ist das wichtig? Das ist nicht einfach nur eine philosophische Übung – das ist wichtig, weil so viele Eltern heute über Elternschaft und über ihre Kinder reden, als ginge es da nur um Arbeit, um Aufgaben, die man zu erledigen hat. „Wie anstrengend! Drei Kinder, mein Gott, wer schafft das?" Und ich verstehe dieses Gefühl. Wenn man so von Konflikt zu Konflikt lebt und Dinge sagt wie: „Gott sei Dank, heute morgen wollte mein Sohn wenigstens Zähne putzen (anziehen wollte er sich allerdings nicht)", ist das natürlich furchtbar anstrengend. Dann wendet man sich meistens an sogenannte Experten wie mich. Hierzu möchte etwas sagen: Es heißt oft über mich, ich wäre so eine Art Erziehungsexperte, doch das ist nicht richtig – es gibt meiner Meinung nach keine solchen Experten. Ich habe zumindest noch keine getroffen. In Deutschland ist das ein bisschen verwirrend, denn man kann hier Erziehungswissenschaften studieren. Doch das bedeutet nicht, dass es viele Erziehungsexperten gibt. In den letzten zwanzig Jahren gab es eine unglückliche Mischung der Begriffe Pädagogik und Erziehung, aber Erziehung innerhalb der Familie ist und sollte vollkommen verschieden sein von institutioneller Pädagogik. Sonst geht es allen Beteiligten schlecht.

Eltern wenden sich also an sogenannte Experten und fragen: „Wie macht man das? Mein Kind will kein Gemüse essen, was mache ich? Mein Kind will nicht schlafen, was mache ich? Mein Kind will seine Hausaufgaben nicht machen, was mache ich? Mein fünfzehnjähriger Sohn kommt abends nicht nach Hause, was mache ich?" Ich denke, wir wissen alle, dass es solche Antworten nicht wirklich gibt. Es gibt viele Antworten, man kann Tausende von Büchern kaufen, aber irgendwie funktionieren diese Antworten nie, und sie sind auch nicht glaubwürdig. Um zu entscheiden, was man in solchen Situationen machen soll, braucht man keine Experten – man braucht seine eigenen Wertvorstellungen, man braucht seine Reflexionen und Proflexionen[1], und man muss selber nachdenken.

Für Kinder ist es sehr deutlich, dass Werte eine große Rolle spielen. Ich bin jetzt Großvater, mein Enkel ist zweieinhalb Jahre alt. Vor etwa einem Monat war ich mit ihm allein, er war bei mir, und seine Eltern wollten ein bisschen später kommen, und dann sollten alle bei mir essen. Der kleine Alex und ich haben ein Buch gelesen, und dann habe ich gesagt: „Alex, ich habe jetzt Hunger, ich gehe etwas essen. Hast du auch Hunger?", und er hat geantwortet: „Nein." Dann bin ich in die Küche gegangen und habe das Essen vorbereitet und erwartet, dass innerhalb der nächsten zwanzig bis fünfundzwanzig Minuten die Eltern kommen und wir essen. Fünf Minuten später kam erstmal die Mutter, und Alex ist zu seiner Mutter gegangen und hat gesagt: „Weißt du, Mutter, wenn der Opa Hunger hat, muss ich nicht essen!" Ich finde, diese Geschichte zeigt sehr gut, wie Kinder denken – sie denken unmittelbar: „Ich muss es machen wie meine Eltern." Für meinen Enkel war es eine riesige Erfahrung, dass man das nicht machen muss – das heißt nicht, dass er das auch für zu Hause übernimmt. Und jetzt, mit zweieinhalb Jahren, kann er es formulieren. Wie lange er es schon gedacht hat, weiß ich nicht – wahrscheinlich schon seit längerer Zeit.

1 Franz Fischer: *Proflexion und Reflexion: philosophische Übungen zur Eingewöhnung der von sich reinen Gesellschaft.* Hrsg.: Wolfdietrich Schmied-Kowarzik. Wien, 2007

Und hier sind wir wieder beim Thema – diese Erfahrung ist die Folge einer Wertvorstellung, einer meiner Wertvorstellungen: Gleichwürdigkeit. Man kann andere Wertvorstellungen haben, zum Beispiel: „In unserer Familie essen wir um viertel nach sechs alle zusammen, und wir bleiben sitzen, bis das Essen vorbei ist." So war es in meinem Elternhaus. Das war nicht sehr angenehm, wir haben nicht viel Appetit gehabt, und es war überhaupt nicht lustig, aber es gab einen Wert, der für meine Eltern sehr wertvoll war – Ruhe. Und damals waren die Frauen ja auch ruhig, das heißt, wenn die Kinder ruhig waren, dann war wirklich Ruhe.

Im Folgenden werde ich etwas näher auf die Werte Gleichwürdigkeit, Integrität, Authentizität und Verantwortung eingehen.

Gleichwürdigkeit – den anderen Menschen wahrnehmen und ernst nehmen

Gleichwürdigkeit ist nicht gleichzusetzen mit Gleichheit. Wenn ich über Gleichwürdigkeit zwischen Erwachsenen und Kindern spreche, regen sich viele Erwachsene (nicht nur Eltern, sondern auch Pädagogen) sehr auf, denn sie verstehen unter diesem Begriff unmittelbar etwas anderes, nämlich Gleichheit – also dass die Kinder genau die gleiche Macht haben wie die Eltern. So ist es natürlich nicht gemeint, deswegen heißt es Gleichwürdigkeit.

Es gibt keinen Zweifel an der Tatsache, und sie lässt sich auch nicht ändern: In einer Familie haben die Erwachsenen die ganze Macht. Sie können sich zwar machtlos fühlen, und wir erleben viele Familien, in denen die Kinder eigentlich auf dem Führersitz sitzen, doch das ist nur möglich, wenn die Eltern ihre Macht nicht haben wollen. Macht ist für manche Menschen nicht so ein schönes Wort. Wir oder die meisten von uns wurden mit demokratischen Wertvorstellungen erzogen, zumindest politisch. Dazu möchte ich sagen, dass die demokratischen Wertvorstellungen sehr wertvoll sind – auch innerhalb von Familien oder bei Paaren –, doch sie reichen nicht aus. Politische Wertvorstellungen haben im Grunde nur mit zwei Themen zu tun: Verteilung von Geld und Macht. Dagegen geht es bei Familien oder bei dem Zusammenleben innerhalb von Familien um viel mehr als um die Verteilung von Macht und Geld.

Wir brauchen also andere Wertvorstellungen.

Gleichwürdigkeit bedeutet, dass ich als Partner/ Partnerin oder als Mutter/Vater meinen Partner oder mein Kind genauso ernst nehmen sollte wie mich selbst. Ich muss versuchen, die Bedürfnisse, Wünsche, Träume und Ambitionen meiner Frau, meines Mannes oder meines Kindes in unsere Familie miteinzubeziehen, statt sie, wie man es immer mit Kindern gemacht hat, zu exkludieren und zu sagen: „Das kommt nicht in Frage", oder „Darüber können wir reden, wenn du erwachsen bist." Das ist eine sehr schwierige Übung. Wir haben uns jetzt dreißig Jahre lang geübt, und wir haben viel Erfolg gehabt. Doch ich glaube, es dauert noch eine Generation, bis diese Gleichwürdigkeit selbstverständlich und nicht mehr so schwierig für uns ist.

In meiner Generation haben die Frauen sich entschlossen und gesagt: „Jetzt wollen wir nicht mehr nur funktionieren, wir wollen auch anerkannt werden als richtige Menschen. Wir wollen nicht nur durch unsere traditionelle Rolle leben, wir wollen auch keine Partnerschaft, die nur ein Rollenspiel ist. Wie machen wir das?" Meine Generation hat auch gesagt: „Väter sollten eigentlich ein integrierter Teil von Familien sein." Das ist in unserer Geschichte eine ganz neue Vorstellung, denn Väter waren bis dahin nie in Familien integriert, sie waren immer an der Peripherie, am Rand, am Geldverdienen. Sie haben sozusagen funktioniert, aber sie waren nie Teil dieser gefühlsmäßigen Infrastruktur innerhalb der Familie. Dafür waren die Frauen verantwortlich, und das haben die Frauen gemacht. Heute haben wir uns entschieden, dass die Väter das auch machen sollen. Das ging am Anfang über Hausarbeit, Kochen und ähnliches – heute bekommt die Frage, was es heißt *Vater zu sein,* langsam mehr Gewicht.

Trotzdem erlebe ich es immer wieder, zum Beispiel bei meinen Vorträgen, dass die Väter sich auf die Rolle des Babysitters beschränken. Als ich vor etwa fünfzehn Jahren mit meiner Arbeit in Österreich und Bayern angefangen habe, habe ich von vielen Fachleuten gehört: „Wir arbeiten jeden Tag mit Familien." Nach einem Jahr habe ich entdeckt, dass das gar nicht stimmt – diese Leute arbeiten mit Müttern und Kindern. Hinter dieser Haltung steckt ein anderer Familienbegriff als der, den ich habe. Ich erzähle oft – ohne dabei irgendjemanden zu entschuldigen –, dass etwa achtzig Prozent der skandinavischen und auch deutschen Frauen in Beziehungen und mit Kindern auf die entsprechende, ernsthaft gestellte Frage antworten: „Ja, ich fühle mich eigentlich wie eine alleinerziehende Mutter. Mein Mann hilft schon", oder „Mein Mann hilft viel. Aber eigentlich bin ich mit der Verantwortung allein." Männer haben Probleme damit, den Unterschied zu verstehen. Sie sagen: „Wir übernehmen Aufgaben, ist das nicht genug? Was ist Verantwortlichkeit, wie teilt man Verantwortlichkeit? Geht das halbe-halbe?" Nein, das geht nicht. Wir haben eine lange Tradition, auch in Deutschland, von wunderbaren Großeltern und Urgroßeltern, die die Führungsaufgaben ganz genau aufgeteilt haben. Der Vater war für Tiere und Felder verantwortlich, die Mutter für Kinder, Haus und Garten, und das hat wunderbar funktioniert. Wenn man gemeinsam für Kinder verantwortlich sein will, heißt das, dass jeder Elternteil zu hundert Prozent verantwortlich ist. Das ist nicht so einfach. Es ist eine interessante Übung, und ich kann sagen, dass es sich lohnt, aber es ist schwierig.

Wir reden heute viel über Bindung. Wieder, müsste man sagen, denn das haben wir vor fünfzig Jahren auch schon mal getan. Bindung zwischen Eltern und Kind ist heute das ganz große Thema. Als ich ein Kind war, gab es vielleicht ein oder zwei Prozent Väter, die diese Bindung innerhalb der ersten Lebensjahre des Kindes erreicht haben. In meiner Generation waren es dann zwanzig Prozent und heute etwa dreißig bis fünfunddreißig Prozent. Das heißt, die meisten Väter erreichen und erleben diese Bindung noch immer nicht. Ich sage das nicht als Vorwurf, es ist dreißig Jahre her, dass wir diese historische Entscheidung getroffen haben – wir Männer oder die Frauen, das weiß ich nicht genau. Aber es dauert natürlich lange, bis so etwas wirklich umgesetzt ist.

Gleichwürdigkeit ist hier wichtig, aber sie macht das Ganze auch sehr schwierig. Die Frage ist, wie man in der Familie gleichwürdig Führerschaft ausüben kann. Dazu gehört, wie bereits erwähnt, dass man die Bedürfnisse, Wünsche, Träume, Ideen und Gedanken des anderen inkludieren muss. Man muss nicht notwendigerweise alles mitmachen, aber man muss sie ernst nehmen und wahrnehmen. Das ist eine neue und schwierige Übung, aber wie gesagt, es lohnt sich – nicht nur mit Kindern, sondern auch mit Erwachsenen.

Integrität –
meine persönlichen
Grenzen, Bedürfnisse
und Wertvorstellungen

Integrität ist ein alter Begriff. Früher haben wir meist über moralische Integrität gesprochen. Einem Menschen, der so handelte wie er redete, hat man in unserer Gesellschaft immer Respekt entgegengebracht. Doch Integrität bedeutet auch noch etwas ganz anderes – sie beinhaltet unsere persönlichen Grenzen, Bedürfnisse, Gefühle und so weiter.

Wir reden in den letzten zehn Jahren viel über das Grenzensetzen gegenüber Kindern, und es gibt die entsprechenden Bücher wie „Kinder brauchen Grenzen" – als wäre es das Wichtigste für Kinder und ihr Wohlbefinden, dass Erwachsene ihnen Grenzen setzen. Ich denke, die meisten von uns wissen: Es gibt keine Grenzen, die Kinder brauchen – das ist völliger Quatsch. Wenn die Leute Grenzen sagen, meinen sie keine Grenzen, sondern Regeln. Man kann sagen: „Diese Regeln gibt es bei uns, so essen wir, so schlafen wir, so machen wir dieses und jenes. Im Haus laufen wir nicht mit Schuhen rum", und so weiter. Das alles hat nichts mit Grenzen zu tun – das sind Regeln. Worüber wir eigentlich reden sollten, ist die Tatsache, dass *Kinder* Grenzen haben. Kinder haben von Geburt an persönliche Grenzen – wie gehen wir mit diesen Grenzen um?

Unsere Geschichte (unsere Erziehungsgeschichte und Pädagogikgeschichte) ist sehr traurig. Wir haben die Grenzen von Kindern jahrzehnte- und jahrhundertelang nicht wahrgenommen, wir haben sie verletzt und ignoriert. Heute beginnen wir, anzuerkennen, dass Kinder tatsächlich Grenzen haben, und wir beginnen, darüber nachzudenken, wie wir damit umgehen. Eine Menge von dem, was wir unter Erziehung verstehen, verletzt die Grenzen von Kindern und kränkt sie. Wollen wir das, ist das wirklich notwendig, brauchen Kinder wirklich Kränkung? Oder sollten wir uns vielleicht ein bisschen damit beschäftigen, wie wir so mit Kindern umgehen können, dass wir ihre Grenzen nicht verletzen? Dann verletzen die Kinder auch nicht unsere Grenzen – wir wissen ja, Kinder kooperieren.

Jetzt gibt es diese traurigen Geschichten in Deutschland, diese Schulschießereien. Bei der letzten hat der Jugendliche einen Brief hinterlassen, und in diesem Brief steht ganz deutlich: „Ich war zehn Jahre in der Schule, und jeden Tag hat man mir gesagt: Du bist ein Verlierer." Wir wissen alle, dass das stimmt – so reden Erwachsene mit Kindern! Und natürlich kommt es zu einem Punkt, wo diese Kinder uns und unsere Grenzen nicht mehr akzeptieren.

Wir lernen jeden Tag Neues darüber. Die Technologie hat uns viel geholfen, wir können jetzt Babys, kleinere und größere Kinder filmen, und wir sehen dabei ganz deutlich: Wenn der Vater dieses macht oder wenn die Mutter jenes sagt, dann tut das weh. Das hätte meine Eltern nicht gestört, denn die haben noch gelernt: Es muss wehtun. Es muss nicht lustig sein, Kind zu sein – nur in der Freizeit sozusagen, wenn die Eltern nicht dabei sind.

Wir verletzen noch immer täglich die Grenzen von Kindern, und trotzdem haben wir langsam ein neues Bild aufgebaut – wir versuchen, kinderfreundlich zu sein, wie wir es nennen. Wir versuchen, Kinder auf eine andere Art und Weise zu lieben und zu erziehen als früher, und das ist wunderbar. Das heißt allerdings nicht, dass es uns schon gelungen ist. Aus diesem Grund ist das Thema persönliche Integrität in der Familie sehr wichtig. Frauen haben darüber schon viel gesagt, denn Frauen wurden in unserer Familiengeschichte auch sehr oft verletzt. Sie durften im Grunde keine Grenzen setzen, durften sich nicht von ihren Männern oder anderen Menschen abgrenzen. Das heißt, für sie ist das auch noch relativ neu, und für Männer ist es nicht nur neu, es ist fast unbekannt.

Integrität ist also wichtig – was machen wir, tut das weh, wie tut das weh? Ich möchte ein Beispiel nennen: Wir oder die meisten von uns sind so engagiert in Bezug auf unsere Kinder, dass wir ihnen auf keinen Fall wehtun wollen. Wir wollen ihre Grenzen nicht verletzen, wir wollen unbedingt all ihre Bedürfnisse befriedigen und so weiter. Das hat zu einem temporären Missverständnis geführt. Es gibt heute viele Eltern, die den Unterschied zwischen Wünschen und Bedürfnissen nicht mehr kennen. Um sicher zu gehen, geben diese Eltern ihren Kindern alles, was diese sich wünschen – was die Kinder brauchen, bekommen sie so aber gerade nicht. Das ist ein Problem, und viele Leute über sechzig kritisieren das heftig. Ich denke, man sollte das nicht tun, denn das sind alles notwendige Experimente. Wenn wir eine neue Art von Erziehung entwickeln wollen, müssen wir dabei auch Fehler machen. Die Kinder werden das überleben. Wir haben alle überlebt, und wir sind mehr oder weniger in guter Form. Das heißt, man sollte keine Ängste haben – aber man kann natürlich ein bisschen vorsichtig sein.

Innerhalb von Kommunikation, von Beziehungen, Paarbeziehungen merken wir es ganz genau, wenn eine bestimmte Sache passiert. Wir wissen genau, solange das „Ich" über „Mich" und das „Du" über „Dich" redet beziehungsweise solange man über ein gemeinsames Thema redet, ist alles okay, und dann entstehen manchmal sogar Nähe und Verständnis. Doch sobald wir damit anfangen, *über* den anderen zu reden, geht es los. Dann fangen wir an, einander weh zu tun, und es führt zu nichts. Und genau das machen wir täglich mit unseren Kindern. Die norwegische Forscherin Berit Bae hat einen wunderbaren Begriff erfunden, er lautet „Definitionsmacht der Erwachsenen". Der Begriff umschreibt dieses Phänomen, wenn Erwachsene Dinge sagen wie: „Du bist dieses oder jenes ... Jetzt bist du so und so ... Jetzt bist du nicht so und so ..." Wir wissen genau, dass wir unter Erwachsenen nicht so reden könnten. Man kann natürlich versuchen, eine Woche lang so mit seiner Partnerin zu reden – dann hat man am Sonntag keine Partnerin mehr. Aber die Kinder müssen jeden Tag damit leben, dass die Erwachsenen sagen: „So bist du.

So bist du. So bist du." Statt Interesse zu zeigen und zu fragen: „Wer bist du?" Ich habe ein Buch geschrieben, der deutsche Titel ist „Grenzen, Nähe, Respekt" – das heißt im Original: „Hier bin ich! Wer bist du?" Diese Frage, „Wer bist du?", stellen wir in den ersten Wochen und Monaten im Leben unseres Babys die ganze Zeit. Da sind wir ja unheimlich neugierig: „Wer bist du? Was bist du für ein Mensch? Was bedeutet dieses, was bedeutet jenes? Was willst du uns jetzt sagen?" Nach etwa einem Jahr hört das leider auf. Genau dasselbe passiert in Ehen, anfangs sind wir auch sehr interessiert, und nach einem Jahr heißt es nur noch: „Jaja, ich kenne dich."

Natürlich gibt es Themen, bei denen man über Gesetze etwas bewirken kann, und das wurde auch getan. Die Vereinten Nationen haben eine Charta über Kinderrechte verabschiedet, und ich glaube, alle europäischen Länder haben inzwischen Gewalt in der Erziehung gesetzlich verboten – nicht nur in Schulen und Kindergärten, sondern auch in Elternhäusern. Das bedeutet nicht, dass das auch vorbei ist. In Dänemark kam bei der letzten Untersuchung zu dem Thema heraus, dass – ich glaube – vierundfünfzig Prozent der Eltern ihre Kinder noch immer schlagen. In Deutschland haben wir wohl ungefähr die gleichen oder sogar noch höhere Prozentzahlen. Und wir wissen inzwischen auch von den vielen sexuellen Übergriffen (ganz peinlich heute), auch da wurde gesetzlich etwas unternommen – unsere Staaten haben klar gesagt, was für eine Moral sie haben wollen. Doch es dauert wahrscheinlich einige – vielleicht bis zu fünf – Generationen, bis das auch ein natürlicher Teil unserer Wertvorstellungen wird. Allerdings können wir innerhalb der einzelnen Familien viel schneller etwas bewirken.

Authentizität –
ohne Wille zur Authentizität
können Liebesbeziehungen
nicht erfolgreich sein

Das Thema Authentizität ist aus verschiedenen Grün-
den schwierig. Wenn ich sage, dass es sehr wichtig
ist, dass Eltern in der Beziehung zu ihren Kindern so
authentisch wie möglich sind, dann muss man dabei
bedenken, dass die meisten von uns in Elternhäusern,
Schulen und Kindergärten erzogen worden sind, wo
genau das – authentisch zu sein – nicht erlaubt war.
Meine Eltern haben gelernt, dass das Selbst der Kinder gefährlich ist, dass es nicht sein darf. Und meine
Eltern waren ganz normal. Diese ganze Generation
von Eltern hatte überhaupt kein Interesse an der Frage „Wer bist du eigentlich?" – diese Frage existierte
für sie gar nicht. Es war nicht interessant, wer du bist,
sondern, ob du dich benehmen kannst.

Heute ist das anders, Gott sei Dank haben Eltern
und auch Kindereinrichtungen – bei Schulen bin ich
mir noch nicht sicher – heute ein ganz anderes Ziel:
Es geht nicht darum, Kinder zu *erziehen,* indem man
mit aller Kraft an ihnen zieht, sondern man möchte,
dass Kinder wachsen und sich entfalten und dass sie,
wenn sie etwa siebzehn oder achtzehn Jahre alt sind,
sich selbst als Individuum wahrnehmen und viel über
die eigene Persönlichkeit wissen – dass sie Selbstgefühl haben. Um das zu schaffen, braucht man als
Kind Eltern, die zumindest versuchen, so authentisch

wie möglich zu sein. Was wir heute in meinem Beruf erleben, sind junge Eltern, die genau das Gegenteil machen – sie versuchen, Eltern zu spielen. Man hört das ganz deutlich, diese Eltern haben so merkwürdige Stimmen, immer etwas höher als ihre normalen Stimmen. Und sie haben so ein komisches Lächeln im Gesicht – ein kinderfreundliches Lächeln – und sie sagen alles Mögliche. Nach etwa zwei bis drei Jahren werden diese Eltern sehr frustriert und fragen, warum ihre Kinder ihnen nicht zuhören. Dazu will ich sagen, dass Kinder das unheimlich gern tun würden. Wenn Erwachsene reden und dabei auch wirklich etwas sagen, dann bekommen Kinder ganz große Ohren. Das Gesagte muss allerdings eine gewisse Qualität haben, sonst hören Kinder eben nicht zu.

Man muss sich also fragen: „Wer bin ich eigentlich?" Und das ist eine ganz wunderbare und sehr schwierige und oft auch sehr unangenehme Frage. Man muss sich fragen: „Was meine ich eigentlich? Was will ich eigentlich?" Das mit dem Wollen ist ein bisschen mein Thema in Deutschland – ich versuche hier immer, den Müttern zu vermitteln, dass sie nicht „ich möchte" sagen dürfen. Viele sagen die ganze Zeit „ich möchte" zu ihren Kindern, und wenn es vollkommen schief läuft, sagen sie „Mutti möchte" – das heißt, sie reden über sich selbst in der dritten Person und wundern sich, dass sie keinen Kontakt zu ihren Kindern kriegen! Stellen Sie sich vor, wir würden miteinander so reden oder ich würde so mit meiner Frau reden: „Dein Mann glaubt, dass du ... Dein Mann möchte jetzt essen", und so weiter, das wäre sehr komisch. Aber so reden wir ohne Weiteres mit Kindern

– das ist so nett, das ist so süß, und auf diese Weise können wir unsere Phantasien bewahren über diese kleinen Miniparadiese. Glücklicherweise wollen viele Eltern heute mitmachen und ihre Kinder dabei unterstützen, ein gesundes Selbstgefühl beziehungsweise Selbstwertgefühl zu entwickeln. Die meisten von uns wissen, wie schmerzhaft es ist, wenn man ohne aufgewachsen ist und trotzdem versuchen muss, in Beziehung zu leben und zu arbeiten.

Dazu muss ich sagen, dass Kinder zu haben für Erwachsene die allerbeste Möglichkeit ist, ihr eigenes Selbstgefühl zu entwickeln. Das liegt daran, dass Kinder uns permanent herausfordern, sie wollen die ganze Zeit etwas haben, und wir wissen nicht immer, wie wir dazu stehen. „Will ich das? Will ich das nicht? Sollte ich das eigentlich? Oder bin ich ein schlechter Vater, wenn ich das nicht will?" Es gibt jeden Tag Tausende solcher und ähnlicher Fragen, und wir können jeden Tag sehr viel über uns selbst lernen. Dass wir dieses Interesse haben, dass wir uns selbst suchen, ist für unsere Kinder viel wichtiger, als über die Umwege Pädagogik oder Erziehung etwas zu lernen. Und dann können wir unseren Kindern sagen: „Ich weiß es nicht, eigentlich weiß ich es nicht. Du fragst mich jetzt, darf ich dieses oder jenes, und um ehrlich zu sein, ich weiß es im Moment nicht. Ich muss nachdenken, ich muss mit deinem Vater reden, ich muss mit meiner Freundin reden, und dann kann ich dir morgen oder übermorgen Bescheid sagen. Meine Mutter hätte das nicht erlaubt, aber ich bin ja nicht meine Mutter. Doch wer bin ich eigentlich?" Diese Möglichkeit gibt es immer, und ich glaube, das ist in diesen Jahrzehnten das größte Geschenk von Kindern an ihre Eltern, dass sie es ihren Eltern ermöglichen, sich selbst zu suchen und sich zu fragen: „Wer bin ich eigentlich? Was will ich, und was will ich nicht?" Statt zu fragen: „Was hätte ich gern, wenn es möglich wäre?"

Diese Aussage, „ohne Wille zur Authentizität können Liebesbeziehungen nicht erfolgreich sein", kommt nicht von mir, sondern von dem Neurobiologen Gerald Hüther. Der sagt ganz einfach: ohne Authentizität keine Beziehung. Wenn wir über das Zusammenleben von Erwachsenen reden, ist das ziemlich neu. Es gibt diese Forderung schon von den Frauen, die wollen Männer, die manchmal anwesend sein können und die manchmal auch ihre Gedanken und Gefühle ausdrücken können. Und das geht nicht ohne Authentizität. Was bedeutet das, authentisch zu sein? Und warum ist es wertvoll? Wenn es uns gelingt, Authentizität oder Integrität in unser Reden oder Handeln zu integrieren, wächst unser Selbstwertgefühl!

Es gibt einen alten Streit zwischen Frauen und Männern. Diesen Streit gab es in meiner ersten Ehe, und den gibt es auch in meiner zweiten, und den möchte ich hier exemplarisch schildern. Meine Frau sagt plötzlich, ohne Warnung: „Du bist nicht anwesend." Und ich weiß, jetzt geht es los. Wir Männer haben universell, transkulturell so eine Art Routine, wenn das passiert, und zwar stellen wir erstmal eine Frage: „Was meinst du?" Dann gewinnen wir ein bisschen Zeit, um unsere Verteidigung zu organisieren. Die meisten Frauen erklären gern, was sie meinen, auch mehrmals. Dann fangen wir an zu lügen, wir versuchen, lustig zu sein, und wir sagen: „Ich bin doch hier, guck mal, hier." „Jaja", sagen die Frauen, „dein Körper ist hier, aber den will ich im Moment nicht." Wir alle wissen, so etwas kann einen ganzen Abend oder eine ganze Nacht dauern, und es kann auch ziemlich kalt werden. Man kann allerdings auch versuchen, die Wahrheit zu sagen. Das heißt, wenn die Frau sagt, man wäre nicht anwesend, kann man ein bisschen in sich hineinhorchen und dann sagen: „Nein, da hast du recht, ich bin eigentlich nicht anwesend. Und wahrscheinlich wird das auch so bleiben, bis ich das Haus wieder verlasse." Was dann passiert, ist: Dann ist es vorbei, denn dann ist man automatisch anwesend, weil man die Wahrheit sagt. Man kann also viel Zeit sparen.

Für Fachleute wie zum Beispiel Lehrer ist es unheimlich schwierig, authentisch zu sein, denn sie haben gelernt, dass ihre Autorität gerade mit ihrer Rolle zusammenhängt. Und heute kommen die Kinder jeden Tag in die Schule und sagen: „Nein, das stimmt nicht. Wir haben keinen Respekt für dich, nur weil du Lehrer bist." Wir müssen also diese auf Rollen basierende Autorität durch persönliche Autorität ersetzen, das ist viel besser für alle – auch für die Lehrer. Aber es ist nicht einfach, und eine Zeit lang wird man sich als Lehrer unsicher fühlen, ohne Know-how sozusagen. Es ist schwierig, aber es lohnt sich.

Verantwortung – der Gemeinschaft und sich selbst gegenüber

Verantwortung im Sinne sozialer Verantwortung gegenüber der Gemeinschaft kennen wir bereits, das ist eine alte und auch schöne Geschichte. Dazu haben wir unsere Kinder immer erzogen. Dabei geht es um Verantwortung innerhalb der Familie, gegenüber dem Nachbarn, anderen Familien, der Stadt, der Gemeinde, der Kirche, dem Staat und so weiter. Das ist alles vollkommen in Ordnung, das können wir ruhig weiter so machen.

Was wir aber auch tun müssen, ist, uns mit Selbstverantwortung zu beschäftigen. Ich könnte darüber eine lange Rede halten, doch das werde ich hier nicht tun. Ich will dazu nur sagen, dass das Thema verschiedene Quellen hat, zum Beispiel die Psychologie, die Psychotherapie, die Existenzphilosophie. In diesen Disziplinen redet man schon seit dreihundert Jahren darüber, dass es Lebensqualität bedeutet, wenn man für sich selbst verantwortlich sein kann. Tatsächlich aber sind die meisten von uns in Gesellschaften und in Familien aufgewachsen, wo genau das nicht möglich war. In den letzten dreißig oder vierzig Jahren kam dann die Demokratie, und so, wie sich das Ganze momentan entwickelt, können wir ruhig sagen, dass wir noch nie in unserer Menschheitsgeschichte soviel Freiheit gehabt haben, so viel Demokratie in den Ländern gehabt haben und – trotz Krise – auch noch so viel Geld gehabt haben wie heute.

Langsam entdecken wir allerdings, dass diese Freiheit auch ihren Preis hat, dass wir nämlich mehr und mehr für uns selbst verantwortlich sein müssen. Wir müssen jeden Tag entscheiden, wir müssen zwanzigmal am Tag eine ganz persönliche Entscheidung fällen – nicht nur Erwachsene, sondern auch Kinder. „Was willst du essen? Darf ich Freitag zu Soundso gehen? Was denkst du selbst?" Existentiell gesehen und mentalhygienisch sozusagen ist das wunderbar gesund. Wir werden ein paar Generationen von jungen Erwachsenen erleben, die um ein Vielfaches kompetenter sind als die allermeisten Erwachsenen heute. Aber es ist auch nicht einfach.

Ich zitiere immer gern meinen Nachbarn in Kroatien, wo ich das halbe Jahr über in einem kleinen Dorf wohne. Mein Nachbar ist etwa in meinem Alter, um die sechzig Jahre alt. So viermal im Jahr trinken wir zusammen Kaffee, und wir sagen beide jedes Mal genau dasselbe. Er fängt jedes Mal an und sagt: „Jesper, das Leben war viel besser unter Tito." Und ich sage jedes Mal: „Wie kannst du so etwas sagen!" Und er antwortet mir: „Ja, heute müssen wir so viel denken, damals mussten wir nicht denken." Und das stimmt genau. Wenn man in einem autoritären System lebt, muss man nicht denken – man darf nicht denken! Persönliche Verantwortung ist politisch unangenehm.

Jetzt sitzen wir aber als Eltern da und müssen jeden Tag entscheiden, was wir wollen. Wir können im Kindergarten fragen, oder wir können fünf andere Eltern fragen, und die machen fünf verschiedene Dinge – es gibt keinen Konsens und keine Mehrheit.

Es gibt Trends, aber das ist etwas anderes. Wir müssen also selber wählen. „Wie wollen wir als Mann und Frau zusammenleben? Wollen wir uns verheiraten oder nicht? Wollen wir überhaupt zusammenleben?" In Italien sagen die Frauen heute: „Nein, eigentlich nicht. Wir wollen gern ein oder zwei Kinder, und dafür suchen wir uns einen Spender, aber zusammenleben? Nein."

Was bedeutet es also, verantwortlich zu sein für seine Gefühle und Gedanken, für das, was man sagt, und dafür, wie man es sagt? Das beinhaltet, auch gegenüber seinen Kindern für sich selbst verantwortlich zu sein. Das ist völlig neu. Eltern haben in unserer Welt dreihundert Jahre oder länger mit einer Doppelmoral gelebt. Sie haben gesagt: „Wenn meine Beziehung zu meinem Kind erfolgreich ist, ist das mein Erfolg – wenn sie nicht erfolgreich ist, ist mein Kind schuld." Heute hören die Eltern langsam damit auf, aber die Schulen reden noch immer so. Da gibt es keinen Zweifel, wenn es nicht funktioniert, sind die Kinder schuld oder – wenn man modern ist – die Eltern. Die Kinder machen heute bei dieser Doppelmoral nicht mehr mit, also müssen wir herausfinden, wie wir für uns selbst verantwortlich sein können.

Wie geht das, verantwortlich zu sein, ohne schuldig zu sein? In Europa gibt es ja überall Schuld. Es gibt die katholische Art von Schuld, die könnte man „Schuld light" nennen, und im Norden gibt es den alten Martin Luther, das ist „Schuld heavy". Bei Luther ist man schuldig geboren, und man sollte sich keine Hoffnungen machen – man stirbt auch schuldig.

In der katholischen Kirche kann man wenigstens zweimal in der Woche ein bisschen Erleichterung finden. Und wir treffen kaum Eltern – Mütter, sollte ich sagen –, die nicht in jedem zweiten Satz über ihr schlechtes Gewissen oder ihre Schuldgefühle reden: „Machen wir es gut genug? Schaden wir unseren Kindern?" Ich wünschte, ich könnte ihnen diese Schuldgefühle nehmen, aber das schaffe ich im Moment nicht. Es ist furchtbar, denn die meisten Eltern machen alles wunderbar und brauchen kein schlechtes Gewissen zu haben. Die große Frage ist – und es ist mir wichtig, klar zu stellen, dass diese Frage nicht nur Eltern betrifft, sondern auch in der Industrie, in Unternehmen und in der Politik relevant ist: „Wie kann ich andere Menschen führen, ohne sie zu verletzen?" Das ist die große Frage, sie ist noch nicht beantwortet, und sie stellt sich Eltern jeden Tag.

Erziehungswissenschaftler, Pädagogen – Leute wie ich – streiten über eine Menge Themen, aber über eine Tatsache nicht. Bei diesem Thema gibt es keinen Zweifel und keine Debatte: Kinder brauchen Führung durch Erwachsene. Das wissen wir, weil es Kindern, die ohne diese Führung leben, schlecht geht – ob sie allein sind, nur unter anderen Kindern oder mit Eltern, die nicht führen können oder wollen. In den siebziger Jahren kam die erste Herausforderung: „Wie können wir Kinder ohne Gewalt führen?" Heute würde die Frage von jüngeren Eltern wahrscheinlich lauten: „Wie können wir Kinder ohne Drohungen und ohne Belohnungen führen?"

Eine Mutter hat mir einmal geschrieben, dass ihre

zweijährige Tochter morgens nicht in den Kindergarten wollte. Wenn das Mädchen im Kindergarten ankam, ging alles wunderbar, aber vor der Fahrt dorthin wollte sie nicht ins Auto steigen. Eines Tages hat die Mutter zufällig drei oder vier Gummibärchen im Auto gefunden und gesagt: „Wenn du jetzt kommst, kriegst du die Gummibärchen." Zu der Zeit, als die Mutter mir den Brief schrieb, forderte ihre Tochter schon mindestens zweihundert Gramm Gummibärchen, wenn sie ins Auto einsteigen sollte, und die Mutter fragte: „Was mache ich jetzt?" Wir wissen alle, dass innerhalb weniger Monate auch Gummibärchen nicht mehr funktionieren würden. Wie macht man das nun mit der Führung? Die Antwort ist im Grunde einfach und trotzdem schwierig: Man muss seine Kinder kennenlernen, man muss ihre persönlichen Grenzen kennenlernen, man muss sich diesen gegenüber respektvoll verhalten, und man muss mit seinen Kindern so authentisch wie möglich umgehen.

Kinder brauchen Eltern als Leuchttürme, also Eltern, die manchmal – es gibt da keine genaue Zahl – klare Signale senden, damit ihre Kinder lernen können zu navigieren. Wir sehen heute viele junge Familien, in denen die Eltern so viel Angst haben, ihren Kindern zu schaden oder sie zu verletzen, dass die Kinder die Leuchttürme sind. Und die Eltern sind orientierungslos auf hoher See. Man kann darüber natürlich lachen – und das sollte man auch, denn sonst müsste man weinen –, aber für diese armen Eltern und Kinder ist das nicht so einfach. Meine Mutter würde sagen: „Das kann doch jeder!" Meine Mutter ist sechsundachtzig Jahre alt und ein bisschen dement, und sie meint, Eltern zu sein schaffe doch jeder. Meine Mutter versteht also überhaupt nicht, wovon ich lebe.

Ich möchte gern etwas über einen dieser Widersprüche sagen, mit denen wir es bei diesem Thema zu tun haben. Es gibt einen Widerspruch, der sehr mühsam für die Eltern und Kinder ist. Manche Eltern meinen, dass, wenn sie ihr Kind fragen: „Möchtest du schwarz oder weiß?", und das Kind sagt „schwarz", es unbedingt auch schwarz bekommen muss. Wenn ich dann von den Eltern wissen will, warum sie das glauben, antworten sie: „Ich habe doch gefragt." Das ist interessant – so würden wir nie über Erwachsene denken. Stellen Sie sich vor, ich würde meine Frau heute Abend anrufen und fragen: „Was würdest du Ostern gern machen?", und meine Frau würde irgendetwas antworten. Niemand würde mir sagen, dass ich das auch mitmachen muss, nur weil ich gefragt habe! Wir wissen, dass das anders funktioniert: Ich frage dich, du sagst, was du willst, ich sage, was ich will, und dann geht es erst los – dann reden wir darüber. Und mit etwas Glück feiern wir Ostern zusammen. Natürlich ist das immer ein Risiko, denn wenn wir unsere persönliche Integrität ernst nehmen, gibt es diese Garantie für ewiges Zusammenkleben nicht mehr.

Teil 2

Fragerunde mit ausführlichen Antworten

Frage 1

Kann ich mein Kind erst fragen, was es will,
und dann etwas anderes entscheiden?

Frau: Ich habe eine Frage zu Ihrem letzten Beispiel,
wenn ich das Kind frage, ob es schwarz oder weiß
möchte, und das Kind antwortet „schwarz". Sie sagen,
dass ich dann nicht unbedingt dem Wunsch nachge-
ben muss. Jetzt habe ich mir so überlegt, wie das bei
mir aussehen könnte, wenn ich zum Beispiel meinen
kleinen Sohn frage: „Möchtest du dein Fahrrad mit in
den Wald nehmen, oder möchtest du zu Fuß gehen?"
Und er sagt mir: „Ich möchte mit dem Fahrrad fahren." Und ich sage: „Ach nee, ich habe mir gedacht,
wir gehen lieber zu Fuß …"

Jesper Juul: Ja, aber da muss ich sofort etwas sagen,
denn diese Formulierung „ich habe mir gedacht, wir
gehen zu Fuß" ist ja reine Manipulation. Aber darum
geht es nicht, glaube ich. In der Situation, die Sie beschreiben, gibt es eine Wahl, die sehr realistisch ist:
Das sind die zwei Möglichkeiten. Und ich glaube, es
ist vollkommen in Ordnung, wenn Eltern die Möglichkeiten sozusagen begrenzen und sagen: „Diese
Möglichkeiten geben wir dir, was willst du?" Aber es
kommt ja auch zu Situationen, vor allem mit älteren
Kindern, in denen man sagen muss: „Okay, das habe
ich jetzt verstanden, das willst du. Da muss ich dir
aber sagen, das kann ich nicht mitmachen. Das ist für
mich zu schwierig", oder „Das geht über meine Gren-

zen oder Möglichkeiten", oder was weiß ich. Ich sage nur, dass es – als ein grundsätzliches Prinzip innerhalb von Familien – für Erwachsene und für Kinder immer möglich sein sollte, zu sagen, was man will oder was man gern hätte. Und natürlich muss man langsam lernen, dass das nicht heißt, dass man das alles auch bekommt. Deswegen denke ich, dass es wichtig ist, dass man sich als Eltern nicht verpflichtet fühlt, ja zu sagen, nur weil es eine Möglichkeit gab.

Es ist sehr schwierig. Ich rede ja hier über einige Jahrgänge von Eltern, für die das sehr symbolisch ist, wenn sie ihre Kinder immer fragen: „Was möchtest du, worauf hast du Lust?", und so weiter. Das hat für die Eltern mit Freiheit zu tun, das hat mit Demokratie zu tun, und das hat mit Liebe zu tun. Es geht also nicht nur um schwarz oder weiß. Und das kann eine intellektuelle Haltung sein, aber oft ist das auch eine Ängstlichkeit oder die Angst, nein zu sagen oder die Möglichkeiten zu begrenzen.

Meine Lieblingsgeschichte handelt von einem etwa zweijährigen Mädchen mit zwei sehr ernsthaften, sehr engagierten und sehr intelligenten Eltern. Die Eltern sind zu mir gekommen, und der Vater hat gesagt: „Ich weiß nicht genau, wie ich unser Problem formulieren soll, aber ich kann dir vielleicht eine Frage stellen: Was glaubst du, wie viele Frühstücksprodukte wir zu Hause haben?" Ich habe gesagt: „Fünfzehn." Er hat erwidert: „Nein, sechsunddreißig!" Dann habe ich gefragt: „Und warum ist das ein Problem?" Das ist ja nicht notwendigerweise ein Problem. Dann hat die Mutter gesagt: „Ja, das kann ich dir erklären, es geht nämlich jeden Morgen so wie heute Morgen, wir beiden Erwachsenen sitzen zusammen und unterhalten uns und genießen unseren Kaffee, und dann kommt unsere Tochter und steht in der Tür und wir sagen: Hallo, Schätzchen, hast du gut geschlafen? und so weiter und dann: Was möchtest du gern zum Frühstück?" Und dann sagt die Tochter: „Ich will Joghurt." Und die Mutter denkt: „Gott sei Dank, ich glaube, wir haben Joghurt." Und sie geht zum Kühlschrank, und da steht ganz richtig ein Joghurt mit Erdbeeren. „Ja, wir haben Joghurt mit Erdbeeren, du liebst doch Erdbeeren!" Und die Kleine sagt: „Ich will Waldbeeren." Und dann versucht die Mutter ein paar Mal, der Tochter diesen Erdbeerjoghurt schmackhaft zu machen, aber das klappt nicht. Und dann fängt die Mutter an, dem Vater so Blicke zuzuwerfen, und der weiß genau, was das bedeutet. Das bedeutet, er muss sich jetzt anziehen und zur Tankstelle fahren und gucken, ob es da einen Joghurt mit Waldbeeren gibt.

Man kann sich natürlich lustig machen über diese Eltern und sagen: „So schwierig ist es ja nun auch nicht." Aber dann versteht man nicht, wie ernst das für diese Eltern ist. Wenn sie ihre Tochter fragen: „Wozu hast du Lust?", sagen sie damit: „Ich liebe dich." Und wenn sie zu ihrer Tochter sagen: „Ich gebe dir das, worauf du Lust hast, nicht", sagen sie damit: „Ich liebe dich nicht mehr." Und dann wird es natürlich ernst. Es geht nicht nur um Joghurt mit oder ohne Waldbeeren.

Ich möchte Eltern gern die Freiheit geben, sich für ihre Kinder zu interessieren und sie zu fragen: „Was

möchtest du gern?" Mein Enkel hat einmal in sei-
nem Leben Cola getrunken, und letzte Woche beim
Essen habe ich ihn gefragt: „Was willst du gern trinken?" Und er sagt: „Cola." Ich sage: „Habe ich nicht."
Er sagt: „Ich will aber Cola." Und dann sage ich: „Ja,
das höre ich, aber die habe ich nicht." Und dann ist er
ruhig, und dann sagt er: „Okay, Wasser." Seine Eltern
haben diesen Fehler nämlich nicht gemacht, dass er
immer das bekommt, was er will. Und es geht hier
nicht nur um Kinder, mit Erwachsenen ist es genauso.

Warum brauchen Kinder Führung? Sie brauchen
Führung, weil sie zwar kompetent sind, aber keine
Erfahrung haben. Also brauchen sie die Erfahrung
von Erwachsenen. Ist diese Erfahrung manipulativ?
Ja, das muss sie sein. Und Gott sei Dank gibt es ein
Leben nach der Kindheit, man kann das also korri-
gieren. Wir reden viel darüber, was unsere Bedürfnisse und Wünsche sind, was wir wollen und brauchen,
doch Tatsache ist, dass wir – existentiell gesprochen
– nicht wissen, was wir brauchen. Und wenn wir bekommen, was wir brauchen, wollen wir es oft nicht.
Ich denke, das kennt jeder, wenn man zurückblickt
und schaut, was eigentlich das Leben bereichert hat,
waren das oft Ergebnisse und Beziehungen und so
weiter, die wir uns eigentlich nie gewünscht haben.

Ich glaube, es ist entscheidend für Kinder, dass
sie lernen, was wichtig ist: als Mensch zu wissen, was
man braucht und was man will – statt nur zu wissen,
worauf man Lust hat. Lust ist okay, wenn es um Sü-
ßigkeiten geht oder im Schlafzimmer. Aber abgese-
hen davon geht es darum, was man will. Wenn man

Kinder fragt: „Was willst du?", sagen sie: „Ich habe Lust, zu ..." Und dann sagen wir: „Okay, jetzt wissen wir, wozu du Lust hast. Jetzt frage ich noch mal: Was willst du?" Und dann lernen sie langsam, dass es einen Unterschied gibt. Wenn man diesen Unterschied nicht innerhalb der ersten sieben bis neun Lebensjahre lernt, wird es später sehr schwierig mit Schule, Ausbildung und so weiter. Denn dort müssen wir Ziele formulieren. Und um unsere Ziele zu erreichen oder unsere Träume zu verwirklichen, müssen wir oft Dinge tun, zu denen wir eigentlich keine Lust haben – wie müssen sie einfach machen.

Für mich ist diese Frage – wenn ich mein Kind frage, aber auch einen Standpunkt habe – sehr komplex.

Frage 2

Ich will abends eigentlich Zeit für mich oder für meinen Partner haben, aber meine Tochter will nicht schlafen gehen.

Frau: Ich habe eine Frage. Ich habe eine dreijährige Tochter, und sie will eigentlich nicht mehr ins Bett gehen, sie will nicht mehr schlafen, das übliche Thema. Sie will nicht um acht oder neun Uhr ins Bett gehen, sondern sie möchte aufbleiben. Bei mir ist es so, ich bin halbtags berufstätig, ich bin den Nachmittag mit ihr zusammen, und spätestens um neun Uhr möchte ich eigentlich meine Zeit für mich oder für meinen Partner haben, also nur wir beide zusammen. Ich weiß meine eigene Grenze, ich möchte eigentlich meine Ruhe haben. Allerdings zeigt meine Tochter kein Zeichen von Müdigkeit, sie bleibt dann auch nicht einfach in ihrem Zimmer, sondern sie kommt runter. Also sie fordert dann, sie sagt: „Ich bin nicht müde, ich will nicht ins Bett." Sie will auch nicht einfach nur in ihrem Zimmer spielen und Ruhe geben, bis sie müde wird, sondern sie sagt: „Seid für mich da, seid präsent." Was macht man da?

Jesper Juul: Zuerst entscheidet man sich. Und diese Entscheidung ist für mich nicht ganz klar. Haben Sie sich für Ihre eigene Erwachsenenzeit entschieden? Oder wollen Sie die nur, wenn es möglich ist?

Frau: Momentan nur, wenn es möglich ist.

Jesper Juul: Okay. Und wäre es unmöglich ... beziehungsweise können Sie sich vorstellen, sich nicht nur dafür zu entscheiden, wenn es möglich ist, sondern jeden Tag?

Frau: Ich wüsste nicht, wie. Sie kommt runter ... Ich sage jetzt mal, ich kann mit ihr keinen Deal machen, indem ich sage: „Du kannst aufbleiben, du kannst oben in deinem Zimmer spielen, und du gehst dann einfach ins Bett, wann du willst." Darauf lässt sie sich nicht ein.

Jesper Juul: Nein, weil sie ja – wie deutlich zu sehen ist – nicht nur wach sein will, sondern auch mit ihren Eltern zusammen. Ich versuche, das sehr kurz zu machen. Alle sagen dasselbe: „Kinder fordern viel Aufmerksamkeit." Das ist richtig. Gott sei Dank brauchen sie nicht so viel Aufmerksamkeit, wie sie fordern. Das heißt aber, dass man als Mutter oder Vater nein sagen muss, und zwar mit einem guten Gewissen. Ich habe ein Buch geschrieben, das heißt im Original: „Die Kunst, nein zu sagen mit einem guten Gewissen" – der deutsche Titel lautet: „Nein aus Liebe". Was bedeutet es, nein zu sagen? Es gibt nichts, zu dem man als Eltern grundsätzlich nein sagen müsste. Aber man muss nein sagen – zum Beispiel zu einem Kind –, wenn es sehr wichtig ist, ja zu sich selbst zu sagen, zu den eigenen Bedürfnissen, der eigenen Lust und so weiter. Das bedeutet, dass man lernen muss, einer Dreijährigen, wenn sie am Abend so um viertel nach neun aus ihrem Zimmer runterkommt, zu sagen: „Geh weg." Dann sagt sie vielleicht: „Aber ich will hier bleiben!" Und dann muss man sagen: „Das will ich aber nicht." Das sollte man nicht in bösem Ton sagen, sondern einfach freundlich, aber nicht süßlich. „Das will ich nicht. Ich will nicht mit dir spielen, ich will nicht mit dir lesen. Ich will meine Ruhe haben, ich will mit deinem Vater sein. Geh weg." Wenn ich so etwas sage, fragen die Eltern immer: „Aber fühlt das arme Kind sich dann nicht abgelehnt?" Die Antwort lautet: „Ja, hoffentlich! Darum geht es ja."

Man könnte fast meinen, dass es genetisch begründet ist, dass es für Frauen so schwierig ist, nein zu sagen und ja zu sich selbst zu sagen. Aus diesem Grund rede ich auch manchmal von dem femininen Nein und dem maskulinen Nein. Männer schaffen es besser, nein zu sagen und sich dann umzudrehen und wegzugehen. Mütter bleiben eher im Kontakt hängen. Sie wollen Konsens – eigentlich wollen sie, dass die Dreijährige da steht und sagt: „Okay, Mutti. Das sehe ich ein, das ist vernünftig, ich gehe wieder nach oben." Und das wird ja nie geschehen.

Ich möchte hier zwei wichtige Dinge sagen: Erstens, wenn Sie sich so verhalten, wie ich es oben beschrieben habe, wird nichts Schlimmes geschehen! Man muss sich als Mutter oder Vater allerdings fragen: „Ist es für mich sehr wichtig, bei meinem Kind immer beliebt zu sein?" Das ist nämlich auch so ein Trend. Falls das wichtig ist, sollte man überhaupt nicht kämpfen, denn dann passiert sowieso nichts. Der zweite meiner Ansicht nach sehr wichtige Punkt ist, dass es hier um eine Sache zwischen Mutter und Tochter geht. Ich nehme an, dass Sie sich für Ihre Tochter wünschen, dass sie so etwa ab einem Alter von zehn bis zwölf Jahren mit gutem Gewissen nein sagen kann – und zwar auch, wenn jemand da steht und sagt: „Dann bist du aber nicht mehr meine Freundin", oder „Ich liebe dich doch, deshalb musst du ja sagen." Für das Selbstgefühl Ihrer Tochter ist es sehr wichtig, dass Sie dieses Neinsagen einfach lernen.

Und jetzt stellen Sie sich vor, Sie hätten keine Tochter, sondern einen Sohn. Für Ihren Sohn wäre es genauso wichtig, dass er lernt, dass Frauen auch nein sagen können und dass man das respektieren muss. Heute ist es leider so, dass die meisten jungen Mütter Söhne erziehen, die sie sich auf keinen Fall als Schwiegersöhne wünschen würden. Das sind so fünfundzwanzigjährige Babys. Es ist ja toll für unser Selbstbild und für unser Image als Eltern und sicher auch als Mütter, wenn man sagen kann: „Ich stehe immer zur Verfügung – ich bin kein Mensch, ich bin so eine Art Supermarkt, der von morgens früh bis abends spät geöffnet hat. Und natürlich bin ich immer für dich da." Und all der andere Unsinn, den man heute so sagt. Wir sind nicht immer füreinander da! Und falls wir doch immer füreinander da sind, dann ist das selbstzerstörerisch. Und dann ist plötzlich die Tochter schuld, und man selbst ist nicht verantwortlich. Es geht also um viel mehr als um Erziehung und um Schlafengehen – es geht um eine sehr wichtige existentielle Auseinandersetzung zwischen Tochter und Mutter, bei der beide etwas sehr Wertvolles lernen können. Das Thema Schlafen ist in diesem Zusammenhang unwichtig.

Frage 3

Meine zwölfjährige Tochter will nach der Trennung der Familie nicht mehr zu mir kommen, und ich weiß nicht, wie ich mich ihr gegenüber verhalten soll.

Mann: Ich habe eine zwölfjährige Tochter, die Familie ist seit gut einem Jahr getrennt, und meine Tochter kommt nicht mehr zu mir in letzter Zeit. Und dort kann ich halt auch schlecht hin oder nur selten. Ja, und ich bekomme irgendwie keine Liebe von ihr, so wie ich mir das wünsche. Und jetzt habe ich Probleme mit der Authentizität, weil ich verletzt und auch sauer bin, und ich weiß jetzt gar nicht, wie ich mich ihr gegenüber verhalten soll.

Jesper Juul: Und ist es ihrer Meinung oder Erfahrung nach wirklich so, dass die Zwölfjährige das nicht will?

Mann: Das kann ich nicht beurteilen, also nach meiner Erfahrung ...

Jesper Juul: Ich meine, hat Ihre Tochter gesagt, dass sie Sie nicht besuchen will?

Mann: Ja.

Jesper Juul: Und hat sie auch gesagt, warum nicht?

Mann: Ja. Erstens, weil zu wenig Platz ist. Ich habe nur ein Zimmer, so dass sie in demselben Zimmer wie ich übernachten müsste zum Beispiel. Aber ich meine, sie könnte ja auch nur mal so kommen und mich besuchen, aber das macht sie auch nicht.

Jesper Juul: Okay, ich spreche jetzt ganz prinzipiell, denn es gibt ja viele Mitspieler in diesem Spiel, und ich kann natürlich nicht alles sehen oder verstehen. Ich glaube, dass es wichtig ist, dass Sie diese Enttäuschung, dieses Gefühl von Verletztsein oder diesen Wunsch nach der Liebe Ihrer Tochter irgendwie überstehen. Wie Sie sich im Moment fühlen, ist eine gefühlsmäßige Wahrheit. Doch wenn man mit dieser Botschaft zu einer Zwölfjährigen – oder zu einem Zweiundvierzigjährigen – geht, dann werden die weiter zurückweichen. Ich glaube, was wirklich weh tut, ist, dass Sie als Vater so viel Liebe haben, und wenn Ihre Tochter nicht bei Ihnen ist, können Sie ihr diese Liebe nicht geben. Und das tut weh. Als Vater oder Mutter in dieser Situation würde ich insistieren und zu meiner Tochter sagen: „Ich will dich treffen." Ich möchte dabei klarstellen, dass ich jetzt ganz konkret über eine Zwölfjährige spreche und nicht über Kinder im Allgemeinen. Ich würde also zu meiner Tochter gehen und sagen: „Hör mal, ich bin dein Vater. Ich liebe dich, ich will mit dir zusammen sein." Es gibt keine andere Möglichkeit. Ich kann für Räumlichkeiten und so weiter sorgen oder nicht, aber ich muss sagen: „Das will ich."

Zwölf Jahre alt zu sein, ist nicht einfach. Als Zwölfjährige erlebt man die Situation ungefähr so: „Der viele Ärger, die Trennung und so weiter waren auch für mich viel Arbeit. Meine Eltern sind mir eigentlich nicht mehr so wichtig, für mich sind meine Freunde und andere Dinge wichtiger. Und jetzt muss ich auch noch weit fahren oder was weiß ich, um zu meinem Vater zu kommen. Und er hat keinen Platz, und ich muss mit meinem Vater in einem Zimmer schlafen, und das macht man doch nicht", und so weiter. Es ist einfacher, zu sagen: „Das will ich nicht."

Ich habe in den letzten vierzig Jahren so viele Väter in ähnlichen Situationen getroffen. Ihre acht- bis vierzehnjährigen Kinder – und vor allem mit den Töchtern läuft das so – sollen die Wochenenden beim Vater bleiben. Und Freitagabend ist alles mehr oder weniger okay, aber gegen Samstagmittag sagen sie so ganz klein und leise: „Ich will zu meiner Mutter. Ich will nicht mehr hier sein." Und die armen Väter stehen da und wollen ja auch beliebt sein und sagen sich: „Hilfe, was mache ich jetzt?" Wenn diese Väter lernen, zu sagen: „Okay, so geht's aber nicht. Ich will mit dir zusammen sein, ich bin dein Vater, du bleibst hier, und morgen Nachmittag um fünf Uhr fahre ich dich zu deiner Mutter, früher nicht", ... ich habe Hunderte von diesen Mädchen gesehen – in dem Moment, wo der Vater das sagt, ist es, als falle ihnen ein Stein vom Herzen: „Okay, Papa hat das Kommando. Alles ist gut."

Mann: Aber wenn die Mutter sagt: „Nö, die muss ja nicht zum Vater gehen ..."?

Jesper Juul: Jaja, aber dafür kann die Tochter ja nichts. Wenn das zwischen den beiden Erwachsenen auch ungeklärt ist, wird es natürlich schwieriger.

Ich sage nur, dass es für Sie sehr wichtig ist, genau das zu sagen, worüber ich gerade gesprochen habe. Und für Ihre Tochter ist es sehr wichtig, das zu hören. Es kann sein, dass sie dann sagt: „Ich will aber nicht." Ich weiß nicht, wie es in Deutschland gesetzlich geregelt ist. In Dänemark ist es so, dass sich ein Zwölfjähriger dafür entscheiden kann, zu sagen: „Ich will meinen Vater nicht mehr besuchen", oder „Im Moment will ich meinen Vater nicht besuchen." Aber man sollte nie vergessen, was die Leute früher gesagt haben: Das Leben ist viel länger als die Kindheit.

Das bedeutet, dass diese Tochter wissen muss: „So und nicht anders steht mein Vater zu mir – mein Vater will mit mir zusammen sein. In einem halben Jahr oder in zwei Jahren oder in zehn Jahren kann ich zurückkommen." Wenn eine Zwölfjährige nur sieht und hört, dass ihr Vater mit ihr unzufrieden ist und sich gekränkt fühlt, ist die Lust, wieder eine neue Beziehung aufzubauen, viel kleiner. Und ich weiß, dass sowohl Mütter als auch Väter – aber in diesem Fall wohnt die Tochter ja bei der Mutter – oft eine sehr destruktive Rolle in diesem Spiel spielen. Doch da kann man nichts machen, man kann sich höchstens ärgern, dass man mal in diese Frau verliebt war. Aber diese Botschaft von Vater zu Tochter ist meiner Erfahrung nach sehr wichtig.

Jetzt hat man auch in Deutschland diese 50/50-Regelung, bei der die Kinder getrennter Paare eine Woche beim Vater und eine Woche bei der Mutter wohnen oder ähnlich. Das ist viel Arbeit für die Kinder, und oft reden die Eltern mit ihren zehn- bis sechzehnjährigen

Kindern, als gehöre die Zeit des Kindes den Eltern. Wenn zum Beispiel die Tochter zu Vater oder Mutter kommt und sagt: „Nächstes Wochenende gehe ich eigentlich zu Großmutter, die hat Geburtstag", und dann sagt der Vater: „Nein, nächstes Wochenende ist mein Wochenende." Dann ist irgendetwas schief gegangen, denn die Wochenenden gehören ja den Kindern. Das sind nicht unsere Wochenenden.

Ich glaube es ist sehr wichtig, von diesem Moment an zu sagen: „Hier bin ich, ich will Vater sein, ich liebe dich, ich will gern Zeit mit dir verbringen. Und wenn du nicht willst, muss ich damit leben, aber ich tue das ungern." Alle anderen Gefühle sind in dieser Beziehung, so wie es momentan aussieht, nicht relevant.

Frage 4

Macht eine 50/50-Regelung bei getrennten
Familien Sinn?

Frau: Um kurz bei dem Thema zu bleiben, ist diese
50/50-Regelung denn aus Ihrer Erfahrung sinnvoll,
oder ist es sinnvoller für die Kinder, wenn sie eine
Führung haben und am Wochenende oder alle zwei
Wochen bei dem anderen Elternteil sind?

Jesper Juul: Meiner Erfahrung nach hat das nichts
mit Führung zu tun. Kinder können sich doppelt
und dreifach sozialisieren, sie können ohne Weiteres
mit verschiedenen Normen, Regeln, Wertvorstellungen und so fort leben – das ist kein Problem. Was wir
aber ganz genau wissen, ist, dass eine Scheidung dem
Kind nur dann schadet – und immer dann schadet! –,
wenn die Eltern nicht mindestens anständig miteinander umgehen können. Und ich möchte hier ganz
genau sein: Schaden heißt in meiner Welt, dass das
Kind lebenslang eine geringere Vitalität hat. Die Eltern müssen keine Freunde sein, sie müssen nicht
gemeinsam Geburtstag feiern, nichts dergleichen.
Aber sie müssen ... Ein Mann hat es mal ganz deutlich
zu seiner Frau gesagt: „Please treat me as if I were a
stranger. Bitte behandle mich genauso gut, wie du einen Fremden behandeln würdest."

Jetzt kommt diese 50/50-Regelung, und die ernst-
hafte Antwort ist: Wir wissen noch nicht, wie gut das

funktioniert. Wir haben in Dänemark vor dreißig Jahren damit angefangen, und wir brauchen noch zehn Jahre, dann können wir tausend oder zweitausend von diesen Kindern, die heute zwischen vierzig und fünfzig Jahre alt sind, fragen. Dann wissen wir es. Wenn wir sie jetzt fragen, werden sie lügen, denn sie kooperieren so sehr mit ihren Eltern. Diese Kinder werden immer sagen: „Alles gut, kein Problem." Die Tendenz ist aber, dass die Zwölf- bis Fünfzehnjährigen es sehr anstrengend finden, wenn die Eltern genau auf dieser 50/50-Aufteilung bestehen.

Es gibt Eltern – Mütter und Väter –, die in der Woche, in der ihr Kind bei ihnen ist, voll und ganz für ihr Kind da sein wollen. Und das ist furchtbar für die Kinder, das ist eine riesengroße Verantwortung. Ich bekomme ein Menge E-Mails, meist von den Mädchen, in denen sie Dinge schreiben wie: „Kannst du nicht bitte was darüber schreiben? Kannst du nicht meinen Vater anrufen? Es ist so anstrengend! Ich muss jede zweite Woche mit ihm zusammen sein. Er geht nicht ins Kino, er hat keine Freundin. Normalerweise, wenn ich nicht da bin, spielt er mit seinen Kollegen Tennis, aber wenn ich da bin, nicht." Und wenn ich mich gemeinsam mit diesen großen Kindern und ihren Vätern und Müttern unterhalte, sagen die Kinder es ganz deutlich und ganz liebevoll: „Get a life! Ich will nicht dein Leben sein, das ist vorbei!"

Es gibt Kinder – oft sind das Kinder, die auch physisch lange Strecken zurücklegen mussten, Hunderte von Kilometern und so ... Wenn diese Kinder früh, so mit drei bis fünf Jahren, damit beginnen müssen,

passiert etwas, das nicht gut ist. Irgendwie kriegen
die Kinder sich selbst nicht so gut mit auf ihrem Weg
von Haushalt zu Haushalt. Leider zeigt sich das erst
etwa fünf bis sieben Jahre später, und sehr oft äußert
es sich in der Schule als Konzentrations- oder Lern-
schwierigkeiten oder etwas Ähnliches. Und die armen
Kinder wissen nichts davon, weil sie es nicht gemerkt
haben. Sie haben so hart gearbeitet, sie waren so beschäftigt mit „jetzt bin ich der Sohn meiner Mutter,
jetzt bin ich der Sohn meines Vaters", und sie haben
sich nie gefragt: „Wer bin ich eigentlich – für mich?"

Jetzt gibt es in Norwegen einen Trend, da bleiben
die Kinder im Haus der Familie, und die Eltern zie-
hen abwechselnd ein oder aus. Wenn ich Trend sage,
ist das etwas zu viel gesagt – es gibt vielleicht fünfzig
Familien, die das machen. Ist das besser? Ich weiß es
nicht. Ich glaube nicht.

Wir haben uns mit Scheidung und Trennung in
eine Situation gebracht, die wir überhaupt nicht kon-
trollieren können. Wir müssen einfach einsehen: Es
kann schmerzhaft für uns sein – es kann auch eine
Erleichterung sein –, aber für die Kinder ist es immer
furchtbar. Und so ist das. Diese Eltern, die immer für
die Kinder da sind, versuchen damit, das zu kompen-
sieren. Sie sagen: „Jetzt habe ich etwas für mein Leben getan, und das hat dir wehgetan. Und jetzt stehe
ich die nächsten achtzehn Jahre da und puste, um die
Wunde zu kühlen, denn es darf nicht wehtun!"

Die zwölfjährige Tochter in dem vorherigen Beispiel hat es klar formuliert: „Es gibt kein Zimmer für

mich." Ob die Regelung nun 50/50 ist oder irgendeine andere – es muss in jedem Elternhaus ein Zimmer für Schmerz geben! Das Kind muss seinen Schmerz mitnehmen und bei sich haben können. Es muss erlaubt sein, traurig zu sein, Sehnsucht zu haben und so weiter. Und das ist für die meisten Eltern schwierig, denn die meisten Eltern, die sich scheiden, sind sehr mit sich selbst beschäftigt. Entweder sie sind bitter, oder sie sind verliebt oder erleichtert oder was weiß ich. Und diese Eltern leben in der Zukunft, und das schaffen Kinder nicht. „Ja, jetzt war es furchtbar, ich weiß, das tut mir sehr, sehr leid, die letzten drei Jahre haben dein Vater und ich ... Und es tut mir furchtbar leid, aber jetzt wird es besser!" Und dann sitzen die armen Kinder da. Und die Kinder selbst wissen es nicht, aber es dauert für ein Kind drei bis vier Jahre, diese Trauer durchzuarbeiten. Und dafür muss Raum, Platz, Flexibilität und Offenheit da sein bei den Erwachsenen.

Frage 5

Ist es okay, wenn man aus Liebe in der Babysprache spricht? Oder kann beziehungsweise
sollte man es als grundsätzliche Referenz nehmen, wie man sich einem Erwachsenen gegenüber verhalten würde?

Mann: Ich habe eine ganz andere Frage, weil Sie vorhin das Beispiel gebracht haben, wie man sich dem
Kind gegenüber verhalten kann. Wir haben einen
siebzehn Monate alten Sohn, und ich verfalle schon
immer so in die Babysprache, einfach, weil ich das
Kind so liebe. Ich mache dumme Witze und Späße
und verhalte mich wahrscheinlich wie der letzte Depp
– ich mache das aus Liebe. Die erste Frage ist: Ist es
dann okay, oder ist es auch falsch? Wie würden Sie
das beurteilen, kann man das machen, oder ist das
totaler Quatsch? Und die zweite Frage bezieht sich
auf das Beispiel, das Sie öfter bringen, dass man sich
gegenüber einem Erwachsenen ganz anders verhalten würde. Kann man das grundsätzlich als Referenz
nehmen, damit man da vielleicht ein bisschen mehr
Sicherheit bekommt? Ist das eine Referenz, oder sagen Sie, das geht nicht? Sie haben ja vorhin auch gesagt, dass Sie jetzt nur über Zwölfjährige sprechen
und dass das nicht für alle Kinder gilt.

Jesper Juul: Es gibt einen großen Unterschied zwischen Lieben und Verliebtsein. Wenn wir verliebt sind
– ob in einen Erwachsenen oder in ein Baby – sagen

wir alles Mögliche, dann läuft es nur so, „bababa-bababa". Babys brauchen das auch, dieses Plaudern, und es darf gern so ein bisschen im Diskant sein, dann kommt es an. Das große Missverständnis besteht darin, dass wir in den letzten fünfundzwanzig Jahren eine kinderfreundliche, fast pädagogische Sprache entwickelt haben. Das heißt, wir versuchen – aus Liebe – mit den Kindern immer so zu reden, dass sie jedes Wort verstehen. Und das ist nicht gut, denn wir zerstören unsere Botschaft, wenn wir unsere eigenen Worte und unsere eigene Sprache nicht benutzen können. Wir müssen auch unsere Erwachsenensprache, unsere persönliche Sprache sprechen, damit die richtige Musik – also die Gefühle – dabei sind. Dann kommt die Botschaft auch an. Das gilt natürlich nicht in gewissen pädagogischen Zusammenhängen, wenn es darum geht, den Kindern irgendeine Fähigkeit zu vermitteln. Dann ist es wunderbar, sein Vokabular zu begrenzen und nur das zu sagen, wovon man weiß, dass das Kind es versteht. Doch gerade, wenn es um traurige Dinge geht, um Trennung, Tod, Krankheit oder schwere und lang andauernde Konflikte, ist es sehr wichtig, dass Erwachsene ihre eigene Sprache verwenden.

Dieses Plaudern oder diese kindliche Sprache sind ein bisschen wie Lob, glaube ich. Viele Eltern loben ihre Kinder heute viel zu viel – die Kinder werden für alles gelobt, sie pinkeln und werden dafür gelobt, sie machen irgendetwas und werden mit Lob überschüttet. Und das bedeutet, dass Lob innerhalb des ersten Lebensjahres devaluiert ist, dass es keinen Wert mehr hat. Der andere Punkt ist, dass so etwas in diesen ersten Jahren gar nicht als Lob gemeint ist. Das ist nur eine Stereotypie, mit der man sagt: „Ich liebe dich." Für Kinder ist das sehr schwierig, denn Kinder sind wie gesagt kompetent, aber sie haben keine Erfahrung. Das heißt, dass sie mit der Zeit lernen, dass Lob gleich Liebe ist. Und dann kommen sie mit drei Jahren in die große, weite Welt hinaus, und da gibt es kein Lob. Und dann denken sie, dass niemand sie liebt. Oder sie denken: „Mein Vater liebt mich nicht mehr, denn der lobt mich nicht mehr, oder er plaudert nicht mehr."

Ich glaube, als Eltern muss man sich fragen, wie das eigene Gefühl ist. Und wenn man das Gefühl hat, „jetzt ist es genug" oder „jetzt ist es ein bisschen zuviel", sollte man versuchen aufzuhören. Man kann auch seinen Partner fragen, oder man kann – wenn man wirklich Mut hat – mit diesem Diktiergerät herumlaufen. Aber das sollte man sich dann nur so drei Minuten am Stück anhören und nicht länger.

Ich glaube, wir müssen uns selbst befragen. Es lässt sich nicht immer sagen, was richtig und was falsch ist. Ich hoffe eigentlich nur, dass ich erreiche, dass manche Eltern einfach ein bisschen über diese Dinge nachdenken. Und vielleicht sagen sie dann: „Okay, ich mag, was er sagt, aber ich mache weiter wie bisher", oder „Was weiß er denn schon?", oder irgendetwas anderes – das ist nicht so wichtig. Es gibt nichts Richtiges, es gibt nur verschiedene Möglichkeiten.

family/lab.de® – die familienwerkstatt

www.familylab.de
www.familylab.at
www.familylab.ch

familylab.de – die familienwerkstatt ist eine unabhängige Organisation, und die Adresse für Eltern, Lehrer, Mitarbeiter in Unternehmen, die eine solide Basis im Umgang miteinander finden wollen. Für Menschen, die gerne ihre eigenen Werte, im Dialog mit den Erfahrungen von Jesper Juul und familylab bezüglich Familienleben und Kindererziehung, entwickeln wollen.

In der *familienwerkstatt* sind wir Spezialisten darin, Vorträge und Seminare zu gestalten, in denen Eltern und professionelle Fachleute Anregungen und Ideen zu ihrer Arbeit finden können. Und um die bestmögliche Chemie innerhalb der Familie, zwischen Kindern und Erwachsenen, wie auch in Beziehungen innerhalb von Schulen und Betrieben, zu schaffen.

Zum einen haben wir den Wunsch, durch Vorträge, Seminare, Workshops, Symposien, Bücher, Artikel und Filme für Eltern und für Fachleute, die psychosoziale Gesundheit und das Wohlergehen der heutigen und zukünftigen Eltern und Kinder zu verbessern. Damit wollen wir die vielen unterschiedlichen Familien darin unterstützen, gesunde Beziehungen zu schaffen, ohne Gewalt und Missbrauch bei Kindern, Jugendlichen und Erwachsenen.

Zum anderen wollen wir durch öffentliche Bildung, Dialoge, Formulierung von Werten und dem Verbreiten von relevanten, wissenschaftlichen Erkenntnisse die Art und Weise beeinflussen, wie Männer und Frauen über ihre Familien denken und sie aufbauen. Ebenso wollen wir die Werte und das Verhalten in Kinderkrippen, Kindergärten und Schulen so beeinflussen, dass eine optimale Umgebung für ein gemeinsames, soziales, emotionales, kreatives und akademisches Lernen entsteht.

Unsere Vision sind Familien, Institutionen und Gesellschaften mit viel weniger Gewalt, Missbrauch, Sucht und Vernachlässigung. Wir wollen allen guten Willen, Liebe und Hingabe mobilisieren, innerhalb von Familien, Organisationen, wie auch in der Gesellschaft als Ganzem.

»Das Schlüsselwort heißt Beziehung. Ihre Qualität entscheidet über unser Wohlbefinden und unsere Entwicklung als Mensch. Kinder werden mit allen wesentlichen menschlichen Qualitäten geboren und haben daher auch dieselbe Verletzlichkeit und Überlebensfähigkeit wie Erwachsene. Eltern zu sein bedeutet, eine Rolle im Leben einzunehmen, die uns vor große Herausforderungen stellt. – Das sogenannte Problem oder Symptom ist nicht so wichtig. Wichtig ist die Person, die das Symptom trägt. Wir können das Problem nicht lösen, aber wir können Menschen darin unterstützen, destruktive Systeme, Perspektiven und Verhalten ins Konstruktive zu wandeln.« Jesper Juul